BMX VTT acrobatique

Julien Soyer • Marc-Henry André
Dominique Lambert

GAMMA ÉCOLE ACTIVE

Édition originale
© Éditions Gamma
60120 Bonneuil-les-Eaux
Dépôt légal : Septembre 2003.
Bibliothèque Nationale.
ISBN : 2-7130-2000-X

Exclusivité au Canada :
Éditions École Active
2244, rue de Rouen, Montréal,
Qué. H2K 1L5
Dépôts légaux : Septembre 2003.
Bibliothèque Nationale du Québec,
Bibliothèque Nationale du Canada.
ISBN : 2-89069-749-5

Loi n° 49-956 du 16 juillet 1949 sur les
publications destinées
à la jeunesse.

Création - Réalisation :
NEVA Éditions
Direction de collection :
Andréa Lémani
Maquette :
Olivier Espinasse
Avec la collaboration de
Nathalie Bossus

Imprimé en Italie

Sommaire

Petit historique

Le BMX est d'origine américaine. Très populaire aux États-Unis, ce sport appartient à la famille des sports de rue, comme le skateboard.

Le BMX naît en Californie, à la fin des années 70. A l'époque, le motocross (qui est en somme un BMX équipé d'un moteur) connaît un grand succès aux États-Unis. Beaucoup d'adeptes veulent étendre cette pratique à des engins non motorisés. Ainsi, des sportifs plus jeunes peuvent partager cette passion des acrobaties sur deux-roues.

La première course internationale de bicross est organisée en 1980, aux États-Unis. Ce premier championnat officiel regroupe déjà plusieurs courses.

Depuis, des clubs ont été formés un peu partout dans le monde. Par exemple, en France, il existe plus de 300 associations, affiliées à la Fédération Française de Cyclisme.

Le BMX, tout comme le VTT est une discipline issue du vélo. Le principal investissement revient donc à acheter un vélo de cross. Comme en VTT, il est conseillé d'acheter ton bicross chez un spécialiste.

L'engin doit concilier légèreté et solidité pour permettre les sauts sur les obstacles et résister à la puissance des pilotes, notamment lors du départ. Contrairement au VTT, le vélo de cross est d'apparence très simple avec ses petites roues de 20 pouces, son grand guidon, ses pegs (repose-pieds) et son absence de changement de vitesses. Toutes ces caractéristiques permettent au « rider » de mieux manier son vélo et de pouvoir accomplir de nombreuses figures.

Selon ce que tu vas choisir, la « Race », le « Flat », le « Dirt » ou le « Street », tu devras également adapter la taille de ton bicross et de ton guidon. Il sera long pour la « Race » mais beaucoup plus court pour le « Flat », le « Dirt » ou le « Street ». Pour ces trois dernières catégories, il est indispensable d'ajouter des pegs (Cylindre métallique fixé sur l'axe des roues ou sur la fourche et qui sert de support pour les figures).

Dans tous les cas, choisis des roues à double parois car elles se voileront moins que celles qui n'ont qu'une seule paroi. En outre, opte pour un pédalier trois pièces plus solide qu'un pédalier monobloc.

8

Enfin, la matière peut être en acier ou en alu pour le « Street » et le « Dirt ». En revanche, il est préférable qu'il soit en aluminium pour la « Race ».

L'équipement diffère beaucoup selon les spécialités que tu pratiques. En «Race», la tenue comporte trois épaisseurs. La première est le pare-pierre. Il s'agit d'une combinaison renforcée à enfiler sous le jersey spécialisé de motocross. Elle protège le torse, les épaules, les coudes et les clavicules. La deuxième est un jersey spécialisé pour ces disciplines à risques. Il s'agit d'un vêtement aéré. Enfin, la troisième est une véritable combinaison de motocross. Tout cet équipement est obligatoire en compétition.

En revanche, à l'entraînement, il suffit d'être habillé avec un haut manches longues et un pantalon de jogging long pour accéder à une piste de « Race ».

Dans tous les cas, il te faut un casque intégral, plus léger et aéré que celui des motards, qui est obligatoire et des gants longs.

Pour les trois autres spécialités (Dirt, Street et Flat), la tenue ressemble à celle des skaters : jeans larges grosses baskets, tenues américaines représentant un club de NBA ou de Base-Ball. Il n'y pas de contraintes vestimentaires.

Toutefois, l'idée est de rouler avec les habits portés pour se rendre en cours.

Ceci est vrai pour les jeunes débutants comme pour les plus grands spécialistes qui disputent les Championnats du Monde ou les X-Games (l'équivalent des Jeux Olympiques mais réservés aux sports extrêmes).

En compétitions officielles, le casque est obligatoire. Dans les autres cas, il est fortement recommandé, voire indispensable.

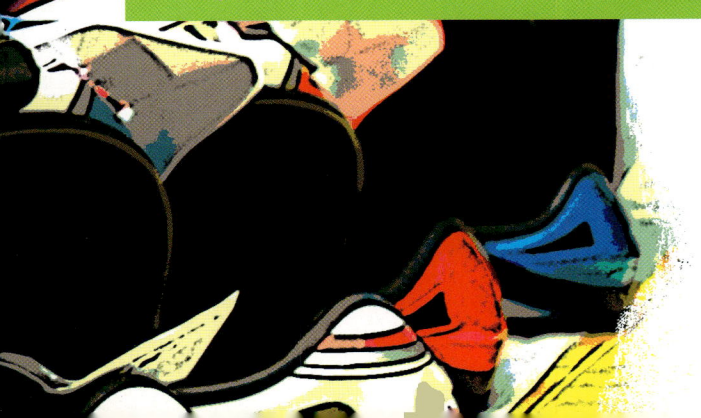

Le BMX se pratique partout où l'on peut rouler ou sauter. Mais le bicross s'utilise surtout sur les terrains ou lieux spécifiques et propices à la réalisation de figures et de sauts. Voici quelques conseils pour t'aider à franchir les premières difficultés auxquelles tu pourras être confronté.

Le saut de bosses

Cette difficulté se réalise en trois phases. La première consiste à prendre de l'élan. Tu dois te placer sur l'avant du vélo pour bien attaquer la bosse. Tes pieds sont parallèles et le pied d'appel est devant l'autre. La deuxième phase s'appelle phase de vol. Tu dois

décoller et donner une courbe en cloche. Une fois dans les airs, tire ton vélo et pousse vers l'avant pour atterrir dans la bosse.

La dernière étape est la réception. Elle commence quant tu pousses vers l'avant pour t'assurer de retomber dans le creux de la bosse afin de conserver de l'élan pour la suite du parcours.

Le cabré avalé

Il faut prendre beaucoup d'élan avant le décollage, puis tirer sur le vélo pour le lever et bien garder le vélo levé en poussant fort sur les jambes lorsque l'on est dans le creux. Les bras permettent de rester stable et de s'équilibrer.

Cette façon de faire permet de franchir plusieurs bosses d'un coup sans trop perdre de vitesse car tu supprimes le passage dans les airs.

Mais attention, cette technique, beaucoup plus difficile à réussir, n'est pas possible sur toutes les bosses. Certaines difficultés obligent l'envol.

Pour progresser, le meilleur moyen est de reproduire ce que tu peux voir sur des vidéos, des magazines ou auprès des autres riders de ton club ou du spot sur lequel tu t'entraînes.

Mais pour apprendre la technique, il est conseillé de t'entourer d'un entraîneur. En « Race », il est le seul à pouvoir t'expliquer comment travailler le départ, élément particulièrement important dans cette discipline.

En plus de la Race, le BMX s'articule autour de quatre spécialités que l'on appelle Free Style.

Le Sol ou Flat est la façon la plus technique de pratiquer ce sport. Tu es rarement assis sur la selle. C'est un travail d'équilibre et de maîtrise du vélo et de toi-même. Le but est d'effectuer des figures et des enchaînements de figures sans poser le pied à terre. Les figures se font soit à l'arrêt, soit en roulant (rolling tricks). Des variantes permettent de sauter et de "squeaker". Le squeak consiste à frotter de façon régulière le pneu avant ou arrière avec le pied, pour se maintenir en équilibre. Avec le Flat, toutes les acrobaties sont possibles. La recherche de la difficulté fait que de nouveaux enchaînements de figures s'inventent régulièrement tous les mois.

Le Street utilise l'environnement urbain, elle est directement issue du skate. Le but est d'utiliser les obstacles, (trottoirs, plans inclinés, bancs, fontaines, murs) pour sauter par-dessus ou se servir de rampes d'escalier pour glisser dessus (grind) avec les pegs. Les figures se font en utilisant l'architecture existante. C'est le côté sauvage du BMX. Et pour corser le tout, certains amateurs de Street roulent sans freins.

La Rampe est la discipline la plus spectaculaire, et aussi la plus dangereuse, les chutes sont méchantes. Ceux qui s'adonnent à cette activité ne sont pas très nombreux et ils se protègent sérieusement. C'est de la grosse cascade. Les figures se font en l'air (parfois à 6 mètres au-dessus du sol) et sur l'étroite plate-forme au sommet de la rampe.

Le Dirt consiste à se lancer le plus rapidement possible sur des bosses de terre, plus ou moins rapprochées pour exécuter les figures avant de redescendre pour aborder la bosse suivante. Plus il y a de bosses plus la sensation est forte, c'est un peu comme le surf. Contrairement à ce que l'on pourrait croire, il n'est pas nécessaire de beaucoup pédaler, la force d'inertie entraîne le vélo et, en donnant quelques impulsions avec les bras, on arrive facilement à la bosse suivante.

Le but de la pratique du BMX est de prendre un maximum de plaisir. L'important est d'apprendre progressivement, de commencer par de petites difficultés ; plus tu évolueras et plus tu pourras aller haut. Pour obtenir un bon niveau, tu dois rouler plusieurs fois par semaine en faisant attention aux accidents.

Comme pour tous les sports, les vététistes s'échauffent d'abord hors de leur vélo. Ils courent, ils s'étirent.

Après, ils s'échauffent sur leur engin. Ils roulent à des vitesses peu élevées et sur des terrains faciles à pratiquer. Il s'agit d'un passage obligé et ce avant toutes les séances.

Ensuite, l'entraînement spécifique débute.

D'un point de vue pratique, voici quelques exercices qui te donneront de l'assurance :

Sur un espace plat, légèrement en pente, trace 2 traits parallèles espacés d'environ 12 mètres.

1.- Tu commences par aller d'un trait à l'autre, assis sur la selle, sans pédaler, en ôtant une main du guidon.

2.- Tu refais le même exercice en ôtant l'autre main.

3.- Recommence le même trajet en enlevant un pied de la pédale.

4.- La même chose avec l'autre pied.

5.- Maintenant, toujours sur le même trajet, tu te soulèves de la selle et tu refais les exercices de 1 à 4.

6.- Assis, tu vas d'un trait à l'autre en enlevant les deux pieds des pédales.

Il est essentiel de rappeler qu'un BMX est considéré comme un véhicule à deux roues et n'est légalement accepté que sur les voies ouvertes à ceux-ci.

7.- La même chose en enlevant les mains du guidon. C'est plus difficile, il faut trouver la bonne vitesse.

8.- Debout, tu fais le trajet avec une main sur le casque.

9.- Tu recommences avec l'autre main.

10.- Toujours debout, tu vas d'un trait à l'autre en lâchant une main et un pied.

11.- Avec un copain de ton niveau, vous faites le trajet en vous tenant par la main (seule la main "extérieure" tient donc le guidon).

12.- La même chose, mais tu changes de place avec ton copain.

13.- Avec ton copain vous avez chacun une main qui tient le guidon de l'autre (les bras du "milieu" sont croisés).

Pour améliorer ton équilibre, tu peux faire l'exercice suivant : sur une surface plate, tu dessines un carré de 6 mètres sur 6. Avec tes copains (et les vélos) vous entrez dans le carré et vous vous mettez à tourner, celui qui sort du carré est éliminé ainsi que celui qui pose un pied à terre.

23

Le respect des règles

Comme dans tout sport il y a des règles, et ceci est spécialement vrai pour la « Race » qui est une discipline où plusieurs concurrents prennent le départ simultanément.

Ces règles concernent spécialement la sécurité, que ce soit par le port de protections, comme le casque, ou la présence de commissaires prêts à agiter un drapeau rouge en cas de chute.

Pour le Free-style où les exhibitions se font en solo, il faut plutôt parler de fair-play et de bon sens. Normalement, les gens qui fréquentent les champs de bosses, les Rampes et les skateparks, se connaissent, des règles tacites existent.

et des autres

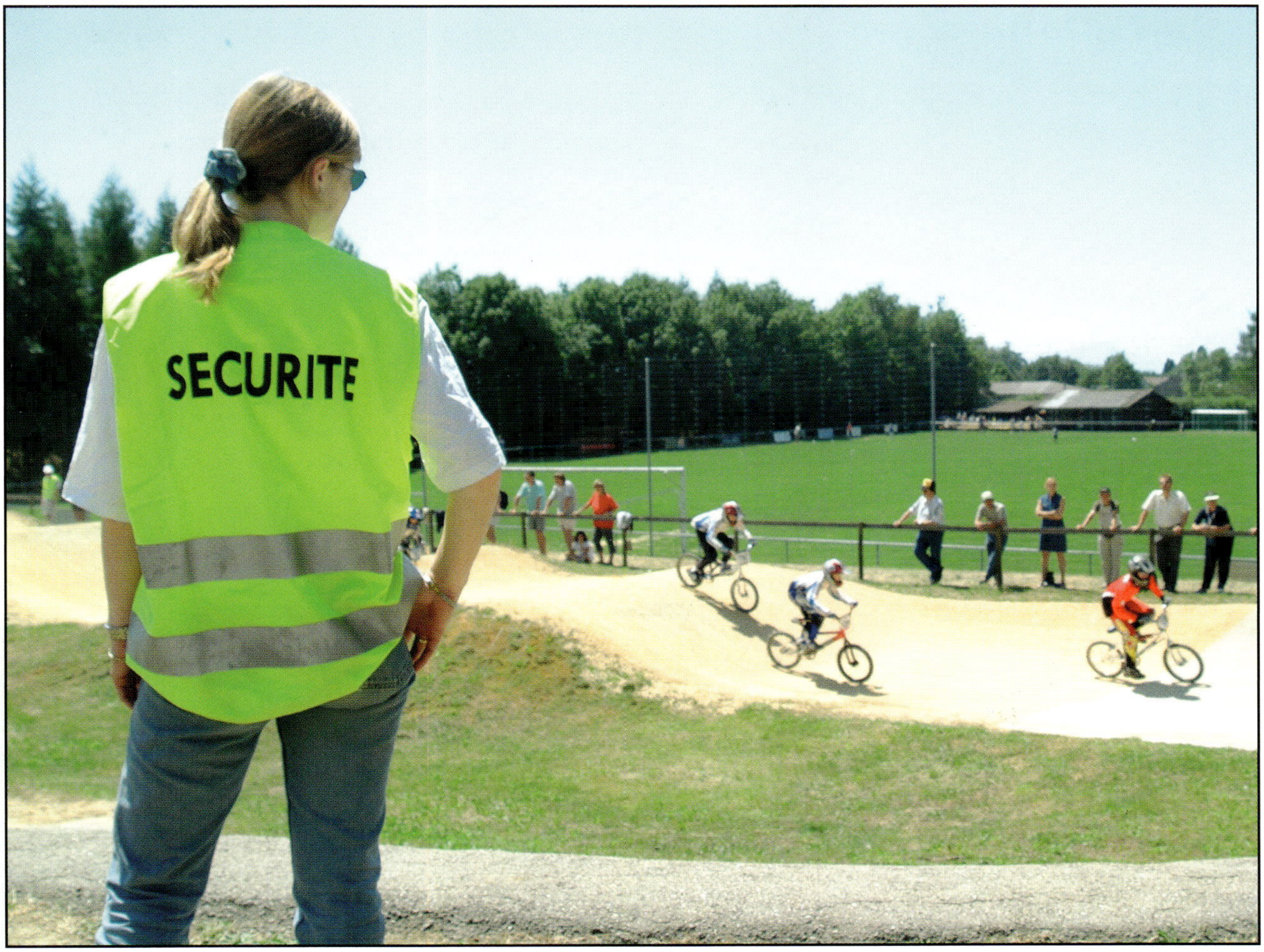

Par exemple, si une rampe est occupée, tu laisses l'utilisateur en profiter, tu peux toujours trouver quelqu'un avec qui discuter en attendant. Les riders sont des gens qui aiment se retrouver et s'amuser. Il serait mal venu d'arriver sur un spot sans saluer ceux qui y sont. D'autre part, sur le champ de bosses, ta participation à son entretien sera toujours la bienvenue.

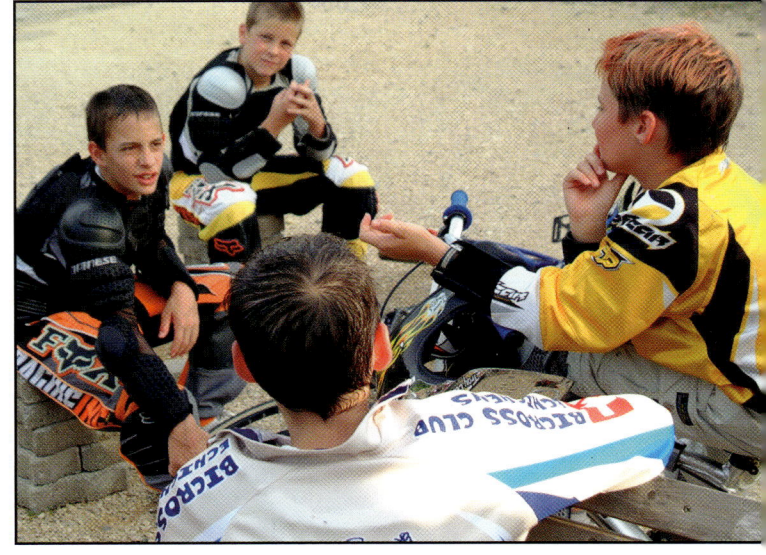

Kevin a quinze ans. Il a découvert le BMX il y a deux ans. Il espère devenir un champion de la discipline. Pour lui, seul un bon entraînement lui permettra de réaliser son vœu.

Comment t'entraînes-tu habituellement?

Je fais des sprints, du VTT, du cyclisme, un peu de champs de bosses, et d'autres sports qui m'aident à être plus endurant et rapide.

Comment t'entraînes-tu pendant la saison et en hiver?

En hiver et avant la saison, je m'entraîne plus en endurance et en quantité, et je fais aussi beaucoup de technique en bicross pour perfectionner ce que je sais faire et

Quels sont tes buts en BMX ?
Être le meilleur. En ce qui concerne mes résultats, je ne préfère pas faire de pronostics car on ne peut jamais savoir ce qui peut se passer, je préfère tout miser sur de bons entraînements.

A quoi ressemblera ton avenir, quels sont tes projets dans le vélo ?
Essayer la descente dans un avenir proche, progresser le plus possible en BMX et en VTT. Après on verra...

pour corriger mes erreurs. En pleine saison, je fais les mêmes entraînements, sauf que je réduis la quantité et j'essaie de m'entraîner plus en qualité pour maintenir mon entraînement hivernal. Je fais aussi de la récupération entre les courses.

Est-ce que tu t'es entraîné différemment cette saison ?
Non, je me suis juste entraîné beaucoup plus.

Quels autres sports pratiques-tu ?
Le VTT Dual Slalom, le snowboard, le tennis, le cyclisme sur route et du cross country, sont parmi ceux que je pratique le plus souvent. Il y a beaucoup de sport que j'aime.

Les courses de BMX s'adressent aux pilotes de tous âges et de tous niveaux. Des épreuves locales, organisées dans ta ville ou à proximité, te permettront de découvrir ce sport.

Le BMX s'articule autour de quatre spécialités. Chacune d'entre elle possède des terrains de pratique privilégiés. Ces terrains, aussi appelés « spots », sont situés là où les conditions climatiques sont les plus agréables.

La Race

Cette épreuve mère a considérablement médiatisé le BMX. Les pistes de Motocross sont les terrains favoris pour les « Racers ». Ces pistes spécifiques d'environ 350 mètres sont parsemées de difficultés variées.

Les pilotes (c'est ainsi que l'on nomme les pratiquants) doivent allier puissance, vélocité, technique de franchissement des obstacles et sens de la trajectoire pour aller le plus vite possible et être les premiers à l'arrivée.

Le Sol ou Flatland

Cette discipline se pratique forcément sur un sol plat et parfaitement goudronné. Les parkings sont des lieux idéaux pour s'entraîner et pratiquer dans de bonnes conditions.

C'est la plus technique des disciplines.

C'est un travail d'équilibre et de maîtrise de soi. Il s'agit d'exécuter un maximum de figures et d'enchaînements au sol sur la roue avant ou arrière mais sans poser le pied à terre.

Les combinaisons regroupent des figures en roulant (rolling tricks), en sautant et en "squeakant".

Le squeak aussi nommé scuff est l'action qui consiste à frotter de façon régulière la semelle de sa chaussure sur le pneu avant ou arrière pour se maintenir en équilibre. Le Flat développe la volonté et l'originalité. A chacun de trouver son style dans la combinaison des figures, voire d'en inventer.

Certains font du Flat avec deux freins avant ce qui permet d'effectuer des enchaînements autrement impossibles. D'autres s'offrent le luxe de se passer de freins, c'est le "floatland". Mais cela nécessite des années d'entraînement.

Le Street

Spécialité où l'on utilise des modules urbains (plans inclinés, rambardes d'escaliers....) pour réaliser des figures.

En compétition, on reproduit à l'aide de modules en bois un parcours se rapprochant de celui de la rue.

Le Street est une activité directement inspirée du skate. On roule dans les rues à la recherche d'architectures permettant d'exécuter différentes figures comme des grinds sur les barres ou les rampes d'escalier, des wall-ride sur les murs de la ville, etc.

Les amateurs se retrouvent confinés dans des skatepark où sont éparpillés des modules de substitut à la rue. Ces lieux, très fréquents aux États-Unis, sont plus rares en France. Parmi les plus célèbres, le Bowl de Marseille, celui de Vitry qui avec 6000 mètres carrés de superficie apparaît comme le plus important d'Europe.

L'administration n'aime pas trop et les streeters risquent amende et confiscation de leur vélo par les forces de l'ordre.

Le plus grand skatepark du monde se trouve en Pensylvanie, à côté de San Francisco à Woodward. Dix hectares de pistes et de terrains exclusivement réservés aux skaters et aux riders. Les skateparks sont fréquentés par tous les amateurs de BMX quelque soit leur spécialité.

La Rampe

Une Rampe, un BMX, quelques protections et surtout beaucoup de courage : tels sont les atouts nécessaires pour pratiquer cette discipline.

En effet, le début de la rampe est vertical.

Le plus important est une bonne réception en maintenant la vitesse.

34

La Rampe est peut-être la discipline la plus dangereuse et impressionnante en BMX, les riders se retrouvant à plus de 6 mètres au-dessus du sol selon la hauteur de la rampe.

Le Dirt

Les sauts se réalisent sur des tremplins nommés « Fun Box » ou sur de grosses bosses en terre.

Il s'agit de se lancer à toute vitesse sur la ou les bosses en question, d'exécuter une figure en l'air et d'atterrir en douceur dans la position initiale.

Plus il y a de bosses, plus les sensations sont fortes (mais les risques de chute sont plus nombreux).

Il faut d'abord avoir une bonne maîtrise des sauts et des réceptions avant de se lancer dans des figures.

Un des plus célèbre champ de bosses se trouve à Ship Hills en Californie. En France, il existe le Pipe Trail à Créteil. Mais il arrive souvent que des amateurs de cette discipline creusent eux-mêmes leurs bosses dans des bois.

Après avoir longtemps pratiqué de la natation et du judo, Nicolas a découvert, par hasard, le BMX lors d'une démonstration. Depuis ce jour, il ne rêve que de sensations fortes et de compétitions.

Peux-tu te présenter brièvement ?
J'ai 18 ans et je suis étudiant à Grenoble. Depuis 1999, ma première année de compétitions en BMX, j'ai continué à avoir de bons résultats. En 2000, j'ai eu la chance de rentrer dans un team, et cette saison, dans un autre team de VTT (plus particulièrement une équipe de Dual et de Descente) pour essayer quelques courses de Dual. Je participe à de nombreuses compétitions tant en France qu'à l'étranger.

Depuis combien de temps fais-tu du BMX ?
J'ai commencé en 1998, donc cela fait maintenant 5 ans.

avec le vélo. C'est l'outil le plus important, il faut donc bien le préparer avant une compétition.

Quelle est ta partie de piste préférée, les sauts, les virages ?
Je n'ai pas de préférence quand je roule sur une piste, sauf que j'aime mieux certaines bosses ou virages à d'autres.

Quel est le secret pour être un bon racer ?
Une très bonne condition physique et beaucoup de volonté.

Qu'est-ce qui te fascine dans le BMX ?
J'adore les sensations (la sensation aérienne qu'on éprouve en sautant par exemple), l'explosivité de l'effort pendant les courses (j'aime moins les sports endurants), l'esprit de compétition pendant les courses et le fait d'être en contact et de me battre contre des adversaires. J'aime aussi regarder les autres rouler, c'est spectaculaire et tellement beau à voir.

Quels sont les problèmes à éviter ?
Au début, c'est surtout les petits problèmes techniques sur les courses

Les lieux de pratique

Que ce soit pour la Race, le Flat, le Street ou le Dirt, à chaque discipline son terrain, ses particularités et ses lieux de prédilection.

Les épreuves de Race se déroulent sur des pistes de 350 mètres de long parsemées de bosses en terre et de virages rehaussés en asphalte.

Les pistes les plus célèbres sont celles de Sainte-Maxime et Pernes-Les-Fontaines dans le Sud de la France. A l'étranger, il existe un terrain couvert à Louisville près de Las Vegas et la célèbre piste d'Orange.

Le Flat se pratique sur un sol plat et parfaitement goudronné sur une surface de 300 à 400 m2, (parkings, court d'école, court de tennis). Il n'y a ni obstacles, ni rampes.

Pour la Street, il y a deux variantes. D'une part, la rue (comme son nom l'indique). Actuellement, la ville à la mode pour les road trips est Barcelone, mais les autorités ne voient pas cette activité d'un bon œil. La seconde solution consiste à se rendre dans un skatepark ou des modules, représentants les obstacles urbains, ont été aménagés pour les BMX.

Pour pratiquer le Dirt, il faut un champ, une pelle (parfois mécanique) et de la terre. Un des plus célèbre champ de bosses se trouve en Californie à Ship Hill. En France existe le Pipe Trail à Créteil. Mais souvent les amateurs de Dirt construisent eux-même leur champ de bosses en campagne ou dans les bois.

Le plus grand se trouve à Woodward en Pennsylvanie. Il comprend dix hectares de pistes et de terrain, ainsi que des Rampes couvertes. La tendance, aujourd'hui, est de construire directement des BMX Parks.

La Rampe que l'on subdivise en deux catégories, la mini-rampe et la rampe verticale, est constituée d'un half-pipe, en bois ou en béton, surmonté d'une plate-forme à une hauteur de 2 mètres pour la mini-rampe et de 3,50 mètres pour la rampe verticale.

En BMX, et principalement en Race, il existe des courses et une Coupe du Monde. Pour cette coupe, il existe deux catégories : Elite (19 ans et plus) et Junior (17 - 18 ans). Il y a bien sûr des catégories Hommes et des catégories Femmes.

La catégorie Elite Homme compte le plus de participants, plus de 150 coureurs aux championnats du Monde.

La sélection se fait par élimination dans chaque catégorie.

Les concurrents prennent le départ par groupes de huit, au maximum, et courent trois manches. Après ces trois manches, les quatre meilleurs de chaque groupe courent le tour de compétition suivant.

Ces tours se décomposent en 1/16e de finale, 1/8e de finale, 1/4 de finale, 1/2 finale et finale. Chaque course dure en moyenne entre 30 et 40 secondes, la durée dépend des difficultés techniques de la piste. Une rencontre dure trois heures et se déroule d'habitude en plein air sur des pistes permanentes. Aux championnats d'Europe et du Monde, les spectateurs étaient au nombre de 7000.

Au sein des fédérations affiliées à l'UCI, il y a plus de 60 000 coureurs avec une licence de compétition. Parmi les champions, on peut citer deux Français : Christophe Levêque et Thomas Allier.

Les professionnels, com

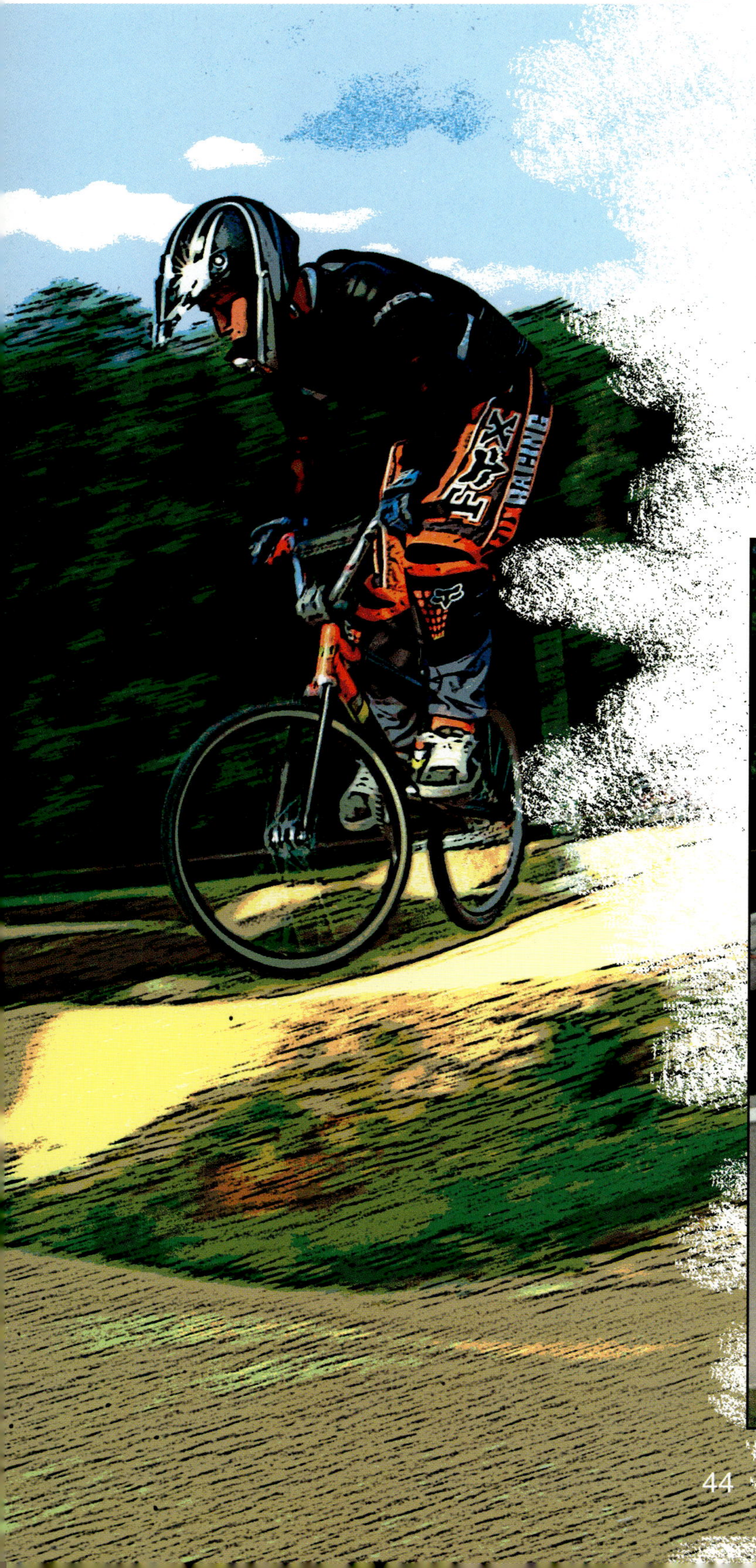

En ce qui concerne le Free, il existe des compétitions (contest) pour différentes catégories : Juniors, Experts et Pros. Les participants sont jugés sur leur style et sur la difficulté des enchaînements de figures. Aucune figure n'est imposée.
Parmi les champions des différentes disciplines on rencontre des Américains comme Matt Hoffman et

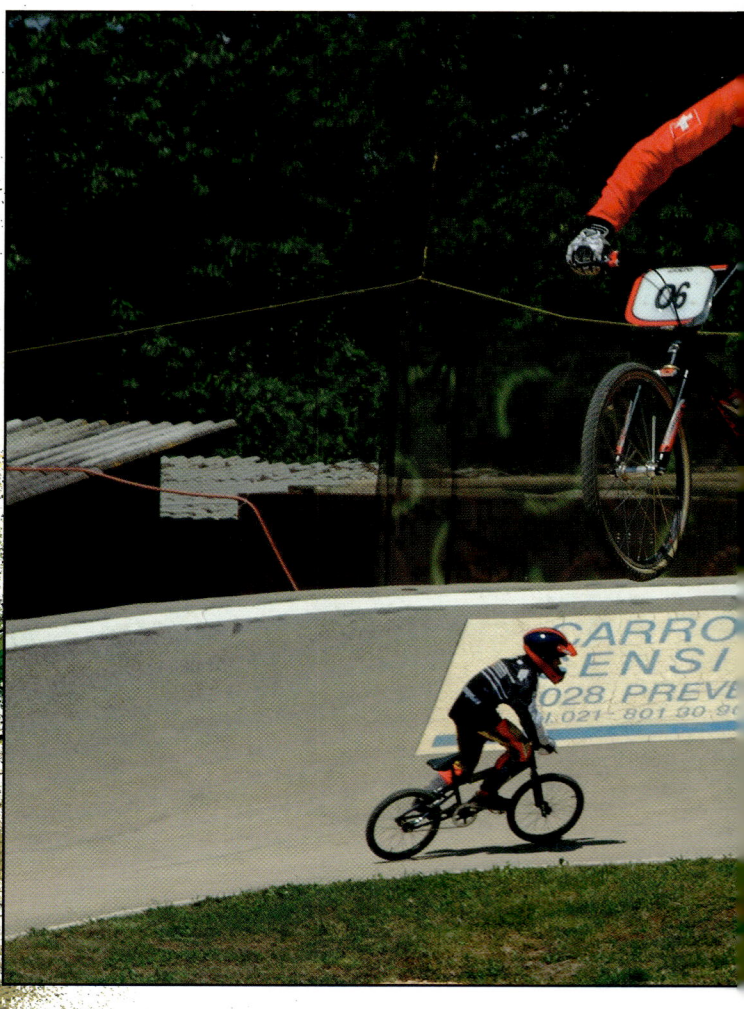

Dave Mirra à la Rampe ; Fuzzy (Tim Hall) et Corry Nastazio en Dirt et Gonz ainsi que Joe Rich pour la Street. Les Français se distinguent en Flat avec Alexandre Jumelin et Jimmy Petitet.

Contrairement aux Etats-Unis, où des sponsors importants prennent les riders au sérieux, il y a très peu de professionels du Free en Europe.

Glossaire

BICROSS : Autre nom du BMX.

BOSSE : Monticule de terre, essentiel dans la pratique du BMX.

CONTEST : Compétition.

DIRT : Discipline de saut sur bosses.

DUAL : Course à deux pilotes.

FAIR-PLAY : Respect des règles et des autres.

FLAT : Discipline qui consiste à faire uniquement des figures au sol. Appellée également Sol.

FLATLAND : C'est l'autre nom du Flat.

FREE STYLE : Ensemble des quatre spécialités du BMX.

FUN BOX : Tremplin spécialement conçu pour le Dirt.

GRIND : Utilisation du mobilier urbain pour la réalisation de figures.

HALF-PIPE : Demi tonneau en bois ou en béton.

PARE-PIERRE : Combinaison de protection de la partie supérieure du corps.

PEGS : Cylindre métallique fixé sur l'axe des roues ou de la fourche.

RIDER : C'est le pilote du BMX.

RACE : Course de BMX sur un terrain de motocross.

RACER : C'est le pilote de Race.

RAMPE : Grosse bosse ou tremplin.

ROAD TRIPS : Partir à la recherche de lieux propices aux acrobaties.

ROLLING TRICKS : Réalisation de figures en roulant.

SKATEBOARD : Planche à roulettes. C'est un sport de rue comme le BMX.

SKATEPARK : Lieu ou l'on pratique le skateboard.

SOLO : Pratique solitaire du BMX et du VTT acrobatique.

SPOT : Lieu de pratique du BMX et du VTT acrobatique.

SQUEAK : Frottement du pied sur le pneu.

STREET : Discipline utilisant des mobiliers urbains.

TEAM : Equipe.

WALL-RIDE : Utilisation du mobilier urbain pour la réalisation de figures.

Index

AVERTISSEMENT

Ce sport peut être dangereux.
Ce livre en est une découverte.
Pour ta sécurité tu dois être responsable.